Florian Kurtz

OLAP-Datenbanksysteme - ein Überblick

Der GRIN Verlag publiziert seit 1998 wissenschaftliche Arbeiten von Studenten, Hochschullehrern und anderen Akademikern als eBook und gedrucktes Buch. Die Verlagswebsite www.grin.com ist die ideale Plattform zur Veröffentlichung von Hausarbeiten, Abschlussarbeiten, wissenschaftlichen Aufsätzen, Dissertationen und Fachbüchern.

Dokument Nr. V205228 aus dem GRIN Verlagsprogramm

Florian Kurtz

OLAP-Datenbanksysteme - ein Überblick

GRIN Verlag

Die Deutsche Bibliothek verzeichnet diese Publikation in der Deutschen Nationalbibliografie; detaillierte bibliografische Daten sind im Internet über http://dnb.d-nb.de/ abrufbar.

Dieses Werk sowie alle darin enthaltenen einzelnen Beiträge und Abbildungen sind urheberrechtlich geschützt. Jede Verwertung, die nicht ausdrücklich vom Urheberrechtsschutz zugelassen ist, bedarf der vorherigen Zustimmung des Verlages. Das gilt insbesondere für Vervielfältigungen, Bearbeitungen, Übersetzungen, Mikroverfilmungen, Auswertungen durch Datenbanken und für die Einspeicherung und Verarbeitung in elektronische Systeme. Alle Rechte, auch die des auszugsweisen Nachdrucks, der fotomechanischen Wiedergabe (einschließlich Mikrokopie) sowie der Auswertung durch Datenbanken oder ähnliche Einrichtungen, vorbehalten.

1. Auflage 2012
Copyright © 2012 GRIN Verlag GmbH
http://www.grin.com
Druck und Bindung: Books on Demand GmbH, Norderstedt Germany
ISBN 978-3-656-31860-6

OLAP-Datenbanksysteme

Assignment
im Modul DBA03 – Management komplexer Datenstrukturen

Verfasser
Florian Kurtz

Inhaltsverzeichnis

Inhaltsverzeichnis II
Abbildungsverzeichnis III
Tabellenverzeichnis IV
Abkürzungsverzeichnis V
1 Einleitung 1
   1.1 Zielsetzung 1
2 Definitionen und Abgrenzung 2
   2.1 Definition OLAP 2
   2.2 Abgrenzung OLAP vs. OLTP 3
3 Technische Realisierung 4
   3.1 ROLAP 4
   3.2 MOLAP 5
   3.3 HOLAP 5
   3.4 Vergleich ROLAP / MOLAP / HOLAP 6
      3.4.1 Vorteile 6
      3.4.2 Nachteile 7
      3.4.3 Fazit 8
4 Modellierung 8
   4.1 Semantisches Konzept 8
      4.1.1 Slice 9
      4.1.2 Dice 9
      4.1.3 Drill Down & Roll Up 11
      4.1.4 Pivotierung 11
   4.2 Logisches Konzept 12
      4.2.1 Star-Schema 12
      4.2.2 Snowflake-Schema 14
5 Einsatzmöglichkeiten 15
6 Zusammenfassung 16
Literaturverzeichnis VI

Abbildungsverzeichnis

Abbildung 1: Architekturvarianten OLAP 6
Abbildung 2: Slicing 9
Abbildung 3: Dicing 10
Abbildung 4: Drill-Down & Roll-Up 11
Abbildung 5: Pivotierung / Rotation 12
Abbildung 6: Star-Schema 13
Abbildung 7: Snowflake-Schema 14

Tabellenverzeichnis

Tabelle 1: Vergleich OLAP / OLTP 3
Tabelle 2: Vorteile ROLAP/MOLAP/HOLAP 6
Tabelle 3: Nachteile ROLAP/MOLAP/HOLAP 7

Abkürzungsverzeichnis

Abb.	Abbildung
OLAP	Online Analytical Processing
OLTP	Online Transactional Processing
MOLAP	Multidimensional Online Analytical Processing
ROLAP	Relational Online Analytical Processing
HOLAP	Hybrid Online Analytical Processing
et al.	et alia
IT	Information und Telekommunikation
usw.	und so weiter
Vgl.	Vergleich
z.B.	zum Beispiel

1 Einleitung

In einem Zitat von John Naisbitt ist zu lesen:
> „Wir ertrinken in Informationen, aber wir hungern nach Wissen..." [1]

Dieses Zitat bringt sehr gut zum Ausdruck, das in Unternehmen sehr viele Informationen gesammelt werden. Dies können unter anderem Kundeninformationen, Produktinformationen oder auch Konkurrenzinformationen sein.

Allerdings ist es für Unternehmen oft nur sehr schwer möglich, diese Informationen in brauchbares und aktuelles Wissen umzuwandeln und diese schlussendlich gewinnbringend für sich auszuwerten und einzusetzen.
An diesem Punkt setzen OLAP-Datenbanksysteme an. Sie versuchen erhobene Informationen bestmöglich für Analysen wie z.B. Business Intelligence Berichte oder Data Mining Analysen bereitzustellen um diese Informationen für die Unternehmen in Wissen umzuwandeln.

Aus diesem Grund beschäftigt sich dieses Assignment mit dem Thema OLAP-Datenbanksysteme. Das Assignment soll einen Überblick über die Modellierung, technische Realisierung und die unterschiedlichen Architekturvarianten von OLAP-Datenbanksystemen geben. Des Weiteren sollen Einsatzgebiete einer solchen OLAP-Datenbank aufgezeigt werden.

1.1 Zielsetzung

Das Ziel dieses Assignments ist es, anhand der gegebenen Fragestellung einen Überblick über die unterschiedlichen Architekturvarianten von OLAP-Datenbanken, deren technische Realisierung und die Modellierung aufzuzeigen. Des Weiteren sollen Einsatzmöglichkeiten von OLAP-Datenbanken aufgezeigt werden.

---

[1] Keuper, F. et al., 2009, S. 191

2 Definitionen und Abgrenzung

In diesem Kapitel werden die grundlegenden Definitionen, die diesem Assignment zugrunde liegen gegeben um ein gemeinsames Verständnis zu erreichen. Des Weiteren wird eine Abgrenzung zwischen Online Transactional Processing (OLTP) und Online Anlaytical Processing (OLAP) gegeben.

2.1 Definition OLAP

Edgar Frank Codd, der in den 60er und 70er Jahren des 20. Jahrhunderts die Grundlagen für die relationalen Datenbanken legte, die bis heute noch den Standard in der relationalen Datenbanktechnik darstellen, definierte OLAP wie folgt:

"...the name given to the dynamic enterprise analysis required to create, manipulate, animate and synthesize information from Enterprise Data Models. This includes the ability to discern new or unanticipated relationships between variables, the abillity to identify the parameters necessary to handle large amounts of data, to create an unlimited number of dimensions and to specify cross-dimensional conditions and expressions."[2]

Die Definition von Codd stellt eine sehr detailreiche und ausführliche Definition für OLAP dar. Eine weitere sehr gebräuchliche und allgemeinere Definition für OLAP stellt Nigel Pendse dar:
"A category of applications and technologies for collecting, managing, processing and presenting multidimensional data for analysis and management purposes." [3]

---

[2] Jung, R. et al, 2000, S. 137
[3] Schrödl, H., 2009, S. 20

Für dieses Assignment wird die Definition von Codd zugrunde gelegt, da diese Definition eine detailliertere und aussagekräftigere Beschreibung von OLAP bietet.

2.2 Abgrenzung OLAP vs. OLTP

Charakteristika	OLAP	OLTP
Dienst	Unterstützung von Analysen und Entscheidungen	Unterstützung des operativen Geschäfts
Datenzugriff	Lesen, periodisches Hinzufügen	Lesen, Schreiben, Modifizieren, Löschen
Speicherform	mehrdimensional	zweidimensional
Daten	Historisch, verdichtet und aufbereitet	Aktuell, detailliert
Datenvolumen einer Anfrage	Viele Datensätze	Wenige Datensätze
Transaktionsdauer	Lange Lesetransaktionen	Kurze Lese-/ Schreibtransaktionen
Datenquellen	mehrere	Meist eine
Zugriffe	Berichtsanfrage	Einzeltupelzugriff
Anwenderzahl	wenige	Sehr viele

Tabelle 1: Vergleich OLAP / OLTP[4]

Während OLAP aggregierte Daten für Analysen auf hoher Ebene für relativ wenige Nutzer bereitstellt, ist OLTP durch viele Nutzer die gleichzeitig Daten bearbeiten, löschen und hinzufügen ausgelegt.

Daher ist OLTP durch die zweidimensionale Speicherung von Daten und durch sein transaktionales Konzept für den Bedarf des Tagesgeschäfts ausgelegt. Hingegen ist die mehrdimensionale Speicherung von Daten von OLAP für Reports und dadurch für Managemententscheidungen ausgelegt. [5]

---

[4] Eigene Darstellung vgl. Krcmar, H., 2005, S.86f.
[5] Vgl. Krcmar, H., 2005, S. 86 f.

3 Technische Realisierung

Online Analytical Processing bietet dem Anwender eine multidimensionale Sicht auf die im Data Warehouse liegenden Daten. Sie wird durch die Verknüpfung von Dimensionen mit den dazugehörigen Daten erreicht. Dadurch entsteht für den Anwender der Eindruck, dass er sich in einem Würfel (Cube) bewegt und beliebige Projektionen bilden kann. Der Anwender kann dadurch die gleichen Daten unter unterschiedlichen Gesichtspunkten betrachten.[6]

Des Weiteren findet durch OLAP eine Trennung von semantischer Sicht auf die Daten und logischer Datenhaltung statt. Dadurch kann für die Repräsentation der Daten jede mögliche Art der Datenhaltung herangezogen werden.[7]

Im Folgenden werden die drei Datenhaltungsmöglichkeiten, relationales Online Analytical Processing (R-OLAP), multidimensionales Online Analytical Processing (M-OLAP) und hybrides Online Analytical Processing (H-OLAP) vorgestellt.

3.1 ROLAP

Das relationale Online Analytical Processing (R-OLAP) nutzt zur Datenspeicherung eine relationale Datenbank mit spezifischen Modellierungsschemen wie das Star- oder das Snowflakeschema, um die Datenhaltung zu realisieren.

---

[6] Vgl. Lassmann, W., J. 2006, S. 462
[7] Vgl. Kemper, H.-G. et al., J. 2006, S. 99

Da hierbei die Datenhaltung auf physisch zweidimensionalen Tabellen und nicht auf multidimensionalen Datenstrukturen aufbaut, wird auch oft vom virtuellen OLAP gesprochen.[8]

3.2 MOLAP

Das multidimensionale Online Anlaytical Processing (M-OLAP) verwendet im Gegensatz zum R-OLAP multidimensionale Datenstrukturen zur Speicherung der Daten.

Beim M-OLAP ergibt sich durch die Multidimensionalität die Schwierigkeit, dass mit der Anzahl der Dimensionen auch die Anzahl der grundsätzlich entstehenden Felder zunimmt, die aber nicht zwanghaft einen Inhalt besitzen müssen.

Man spricht erfahrungsgemäß davon, dass nur ca. 10 % der Felder mit Werten befüllt sind. Dies führt bei einer großen Dimensionalität zu einem Aufblähen der Datenbank und dadurch zu Performanceverlusten.[9]

3.3 HOLAP

Das hybride Online Analytical Processing (H-OLAP) versucht die Vorteile von R-OLAP und M-OLAP miteinander zu verbinden und stellt eine Mischform beider Methoden dar. Je nach Abfragehäufigkeit und Aggregationsstufe werden die Daten entweder relational oder multidimensional abgelegt, um so die beste Performance bei der Auswertung zu erlangen. Daten, die in einer hohen Aggregationsstufe vorliegen und häufig benötigt werden, werden multidimensional abgelegt, während Daten, die in einer niedrigen Aggregationsstufe vorliegen und seltener verwendet werden, relational abgelegt werden.[10]

---

[8] Vgl. Gabriel, R. et al., 2009, S.59
[9] Vgl. Gabriel, R. et al., 2009, S.59
[10] Vgl. Gabriel, R. et al., 2009, S.59

3.4 Vergleich ROLAP / MOLAP / HOLAP

OLAP Architectures

ROLAP	MOLAP	HOLAP
Cube Structure (Multidimensional Storage)	Cube Structure (Multidimensional Storage)	Cube Structure (Multidimensional Storage)
Preprocessed Aggregates (Relational Storage)	Preprocessed Aggregates (Multidimensional Storage)	Preprocessed Aggregates (Multidimensional Storage)
Detail-Level Values (Relational Data Warehouse)	Detail-Level Values (Multidimensional Storage)	Detail-Level Values (Relational Data Warehouse)

Abbildung 1: Architekturvarianten OLAP[11]

Abbildung 1 zeigt die drei Varianten von OLAP-Systemen im direkten Vergleich. Auf die Vor- und Nachteile der einzelnen Varianten wird nachfolgend genauer eingegangen.

3.4.1 Vorteile

ROLAP	MOLAP	HOLAP
verwendet bewährte Datenbanktechnologie	Antwortzeiten bei kleineren Datenmengen sehr gut	vereinigt das Beste aus ROLAP und MOLAP
Standard-Abfragesprache (SQL)	effiziente multidimensionale Speicherstrukturen	MDDB-System greift nicht mehr auf die operativen Systeme zu, sondern auf ein relationales DW
beliebige Skalierbarkeit	meist eigene, multidimensionale Abfragesprache, intuitiv verständlicher als SQL	
effiziente Speicherung großer Datenmengen		
zahlreiche erfolgreiche DW-Lösungen basieren auf einer ROLAP-Architektur		

Tabelle 2: Vorteile ROLAP/MOLAP/HOLAP[12]

---

[11] o.V. 2012a
[12] Eigene Darstellung in Anlehnung an o.V. 2012b

Die einzelnen Vorteile der Systeme werden in Tabelle 2 kurz benannt. Während bei ROLAP der gravierendste Vorteil ist, das es auf das vorhandene und bewährte Konzept von relationalen Datenbanken aufbaut, nutzt MOLAP eine multidimensionale Datenbank für die Datenspeicherung. Dies hat bei MOLAP den Vorteil, das die Abfragesprache intuitiver ist als bei ROLAP, da diese Datenbanken für die benötigte Multidimensionalität konzipiert wurden.

HOLAP vereinigt die Vorteile von ROLAP als auch MOLAP in einem System und ist daher, wenn nur die Vorteile betrachtet werden, die beste Variante.

3.4.2 Nachteile

ROLAP	MOLAP	HOLAP
Standard-SQL für multidimensionale Analysen nur bedingt ausreichend	proprietäre MDDB-Systeme werden eingesetzt, keine Abfragesprache als Standard definiert	umfangreiche Kenntnisse über ROLAP und MOLAP
schlechtere Performance (durch Datenredundanz kompensierbar)	eingeschränktes Datenvolumen	enormer Implementierungs-Aufwand
langen Antwortzeiten durch direkten Zugriff auf große Datenmengen	Schnittstelle zu einem RDBMS notwendig	keine einheitliche OLAP-Abfragesprache

Tabelle 3: Nachteile ROLAP/MOLAP/HOLAP[13]

Jede Variante hat auch seine spezifischen Nachteile. So ist bei ROLAP eine schlechte Performance im Bezug auf multidimensionale Abfragen zu erwarten. Allerdings lässt sich dieses Problem durch eine redundante Datenhaltung minimieren, welche aber dafür mehr Speicherplatz auf der Datenbank benötigt.

Bei MOLAP kann als Nachteil angeführt werden, das sich bis heute noch kein einheitlicher Standard bei den Abfragesprachen durchgesetzt hat. So sind die Möglichkeiten jedes multidimensionalen Daten-

---

[13] Eigene Darstellung in Anlehnung an o.V. 2012b

banksystems verschieden. Des Weiteren kann in einem MOLAP System nur ein begrenztes Datenvolumen gehalten werden, da sich die multidimensionale Datenbank meisst im Hauptspeicher befindet. Dieser Nachteil wird aber durch immer günstiger werdende Arbeitsspeicherpreise im Laufe der nächsten Jahre immer weiter minimiert werden.

HOLAP verbindet zwar die Vorteile der beiden anderen Varianten, hat dadurch aber auch das Problem, das zur Implementierung sowohl Kenntnisse aus dem ROLAP als auch aus dem MOLAP Bereich notwendig sind und daher eine Realisierung sehr aufwendig ist.

3.4.3 Fazit

In der heutigen Praxis werden die meisten OLAP-Systeme auf dem Prinzip des relationalen-OLAP aufgebaut. Als Beispiel wären hier Business Intelligence Anwendungen von SAP (SAP Netweaver BW) oder auch von Oracle (Hyperion) zu nennen.
Allerdings besteht der Trend Business Intelligence Lösungen aufgrund der schnellen Performance im Hauptspeicher zu halten und damit auf die MOLAP Variante umzusteigen. Hier wäre als Beispiel SAP HANA (High Performance Analytic Appliance) zu nennen.

4 Modellierung

4.1 Semantisches Konzept

Das Datenmodell eines Data Warehouse Systems kann vereinfacht als Würfel mit drei Dimensionen dargestellt werden. Die Beschränkung auf nur drei Dimensionen wurde zur besseren Veranschaulichung gewählt und ist in der Realität eher nicht vorhanden. In Data

Warehouse Systemen können weitaus mehr als nur drei Dimensionen dargestellt werden.

Im folgenden werden die vier typischen Operationen erläutert, die auf einem multidimensionalen Datenmodell ausgeführt werden können.

4.1.1 Slice

Die Slice Operation (auch Slicing) bedeutet, dass durch Herausschneiden von Schichten aus dem Würfel individuelle Sichten für die Auswertung der Informationen erzeugt werden und die Dimensionen des Würfels dadurch verringert werden.[14] Die Verringerung des Würfels um eine Dimension wird dabei erreicht, in dem eine Dimension auf einen bestimmten Wert eingeschränkt wird.[15]

In der Abbildung 2 ist die Auswahl einer bestimmten Zeitspanne zu sehen.

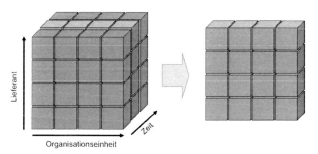

Abbildung 2: Slicing[16]

4.1.2 Dice

Bei der Dice Operation (auch Dicing) werden aus dem Würfel einzelne Teilwürfel durch Einschränkung mehrerer Dimensionen auf einen neuen Datenbereich extrahiert. Die Dimensionen des Würfels bleiben

---

[14] Vgl. Gomez, J. M., et al. J. 2006, S. 16
[15] Vgl. Kempér, H.-G. et al., J. 2006, S 98
[16] Eigene Darstellung in Anlehnung an o.V. 2010a, S. 43

erhalten, jedoch verändert sich dadurch die Hierarchie der einzelnen Dimensionen.[17]

Wie in Abbildung 3 zu sehen, wurden hier die Dimensionen Lieferant und Zeit eingeschränkt. Es ensteht damit ein neuer Würfel, der weiterhin drei Dimensionen besitzt, allerdings durch die Einschränkungen weniger Daten enthält.

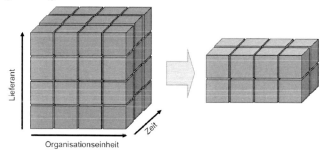

Abbildung 3: Dicing[18]

---

[17] Vgl. Gomez, J, M. et al., J. 2006, S. 17
[18] Eigene Darstellung in Anlehnung an o.V. 2010a, S. 48

4.1.3 Drill Down & Roll Up

Mit den Operationen Drill Down & Roll Up kann innerhalb der Dimensionen eines Würfels navigiert werden. Bei einem Roll Up werden die Werte zu einer darüberliegenden Verdichtungsstufe aggregiert. Während bei einem Drill-Down Werte zu einer niedrigeren Verdichtungsstufe aufgeschlüsselt werden.[19]

Ein Drill Down ist in der Abbildung 4 zu sehen, bei der zum Beispiel die Zeit von Monaten auf die niedrigere Verdichtungsstufe Wochen aufgeschlüsselt wurde.

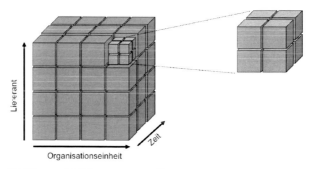

Abbildung 4: Drill-Down & Roll-Up[20]

4.1.4 Pivotierung

Bei der Pivotierung (auch Rotation) wird der Würfel um eine Achse gedreht. Dies hat zur Folge, dass zwei andere Dimensionen des Würfels in den Vordergrund treten. Da oft eine zweidimensionale Sicht auf die Daten für betriebswirtschaftliche Auswertungen genügt, kann so die Perspektive auf die Daten verändert werden.[21]

---

[19] Vgl. Gomez, J. M. et al., J. 2006, S. 17
[20] Eigene Darstellung in Anlehnung an o.V. 2010a S. 38
[21] Vgl. Gomez, J. M. et al., J. 2006, C. 06

In der Abbildung 5 ist die Pivotierung des Würfels um eine eingezeichnete Achse zu sehen. Nach der Pivotierung sind nun nicht mehr die Dimensionen Lieferant & Organisationseinheit zu sehen, sondern die Dimensionen Zeit & Lieferant.

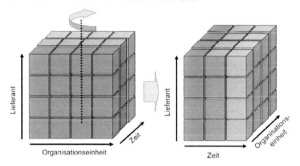

Abbildung 5: Pivotierung / Rotation[22]

4.2 Logisches Konzept

4.2.1 Star-Schema

Das Star-Schema (Stern-Schema) ist ein Ansatz zur Modellierung und Speicherung multidimensionaler Datenstrukturen in relationalen Datenbanksystemen (R-OLAP).

Dieses Schema klassifiziert die Daten in zwei Gruppen. Zum einen die Faktdaten und zum anderen die Dimensionsdaten. Diese werden in Fakt- und Dimensionstabellen aufgeteilt.

Hierbei steht die Faktentabelle im Zentrum. Um diese Faktentabelle ranken sich die einzelnen Dimensionstabellen.

Aus der sternförmigen Anordnung der einzelnen Fakt- und Dimensionstabellen bekam das Star-Schema seinen Namen.[23]

---

[22] Eigene Darstellung in Anlehnung an o.V. 2010a, S. 44
[23] Vgl. Holthuis, J., J. 2001, S. 196

Die Faktentabellen enthalten die Kennzahlen, die sich aus dem operativen Geschäft ableiten lassen, wie z.b. den Umsatz oder den Bestellwert.
Diese sogenannten Fakten ergeben allerdings erst einen Sinn, wenn sie in Relation zueinander gebracht werden. Diese Dimensionen wie z.B. Zeit, Projekt oder Business Unit werden in den Dimensionstabellen abgelegt.
Diese sind über Fremdschlüsselbeziehungen mit der Faktentabelle verknüpft. Dadurch wird sichergestellt, dass zu jedem Fakt auch die dazugehörige Dimension vorhanden ist.[24]

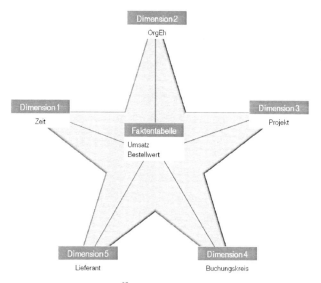

Abbildung 6: Star-Schema[25]

---

[24] Vgl. Dippold, R., J. 2005,S. 275
[25] Eigene Darstellung

4.2.2 Snowflake-Schema

Eine Weiterentwicklung des Star-Schemas stellt das Snowflake-Schema (Schneeflocken-Schema) dar. Bei der Modellierung mit dem Snowflake-Schema bleibt die aus dem Star-Schema vorhandene Faktentabelle erhalten, jedoch werden die Dimensionen verfeinert, in dem sie klassifiziert und normalisiert werden. Da hierbei die Dimensionstabellen um eine oder mehrere Attributstabellen erweitert werden, entsteht die Form einer Schneeflocke, welche dem Schema seinen Namen verleiht.

Der Übergang vom Star-Schema zum Snowflake-Schema ist hierbei fließend. Das Snowflake-Schema führt zwar zu kleineren und strukturierteren Datenmengen, jedoch sind die Zusammenhänge der Daten durch die feinere Strukturierung auch komplexer und können so zu längeren Abfragezeiten führen. [26]

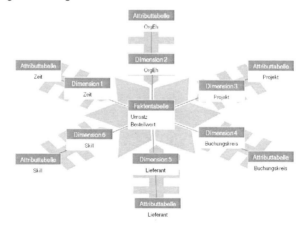

Abbildung 7: Snowflake-Schema[27]

---

[26] Vgl. Kemper, H.-G. et al., J. 2006, S. 64f.
[27] Eigene Darstellung

5 Einsatzmöglichkeiten

Nach einer Definition von Gluchowski, Gabriel und Dittmar beschreibt OLAP ein Konzept, „das dem Endnutzer die Option eröffnet, eigene Hypothesen über die betriebswirtschaftlichen Tatbestände und Zusammenhänge durch freie und intuitive Navigation im Datenraum zu verifizieren."[28]

Auf Grundlage dieser Definition kann OLAP dort eingesetzt werden, wo analytische und dispositive Aufgaben für Unternehmen zu lösen sind. Damit liegen die Einsatzbereiche von OLAP-Datenbanksystemen in der strategischen Planung als auch im Bereich der strategischen Kontrolle.[29]

Einer der wichtigsten Einsatzbereiche für OLAP-Datenbanksysteme stellt Business Intelligence dar. Business Intelligence in Verbindung mit einem Data Warehouse stellt den unterschiedlichsten Zielgruppen aggregierte und aufbereitete Daten in Form von Reports bereit, die diese zur täglichen Steuerung und Kontrolle von Unternehmensaufgaben benötigen.

Des Weiteren können OLAP-Datenbanksysteme zum sogenannten Data Mining eingesetzt werden. Hierbei wird versucht, die in einer Organisation vorhandenen Daten in einen neuen Zusammenhang zu bringen um damit neue Erkenntnisse zu erzielen.

---

[28] Becker, M., 2011, S. 53
[29] Vgl. Becker, M. 2011, S. 53

6 Zusammenfassung

Zusammenfassend lässt sich sagen, das in Zeiten einer immer größer werdenden Informationsflut das Bedürfniss von Unternehmen immer größer wird, diese Informationen für sich gewinnbringend aufzubereiten, darzustellen und auszuwerten.

Hierzu bietet OLAP drei Möglichkeiten (ROLAP, MOLAP, HOLAP) die Daten multidimensional zu speichern und dadurch je nach Anforderung der jeweiligen Zielgruppe auswertbar zu machen. Jedes dieser Systeme bietet sowohl Vorteile als auch Nachteile, welche vor einer Implementierung sehr genau abgewogen werden sollten.

Die häufigsten Einsatzbereiche von OLAP-Datenbanksystemen sind Business Intelligence Systeme. Des Weiteren kann OLAP auch für das Data Mining und für die integrierte Planung eingesetzt werden.

Ausblickend lässt sich festhalten, dass die Architektur von OLAP-Datenbanksystemen sich im Moment im Umbruch befindet. Durch die immer größer werdenden Datenmengen die im Hauptspeicher gehalten werden können und immer günstiger werdenden Arbeitsspeicherpreisen, werden sich die Implementierungen weg vom relationalen OLAP hin zu einem multidimensionalen OLAP bewegen.

Literaturverzeichnis

Becker, Matthias; (2011): Business Intelligence-Systeme in Wertschöpfungsnetzwerken – Tools zur Entscheidungsunterstützung. 1. Auflage Hagen: Diplomica Verlag.

Dippold, Rolf; Meier, Andreas; Schnider, Walter; Schwinn, Klaus (2005): Unternehmensweites Datenmanagement. Von der Datenbankadministration bis zum Informationsmanagement. 4. überarbeitete und erweiterte Auflage Braunschweig/Wiesbaden: Vieweg.

Gomez, Jorge Marx; Rautenstrauch, Claus; Cissek, Peter; Grahlher, Björn (2006): Einführung in SAP Business Information Warehouse. 1. Auflage Heidelberg: Springer.

Holthuis, Jan (2001): Der Aufbau von Data Warehouse-Systemen. Konzeption - Datenmodellierung – Vorgehen. 2. überarb. Auflage Wiesbaden: Deutscher Universitäts Verlag.

Jung, Reinhard; Winter, Robert; (2000): Data Warehousing 2000 – Methoden, Anwendungen und Strategien . 1. Auflage Heidelberg: Physica Verlag.

Kemper, Hans-Georg; Mehanna, Walid; Unger, Carsten (2006): Business Intelligence - Grundlagen und praktische Anwendungen. Eine Einführung in die IT-basierte Managementunterstützung. 2., erg. Auflage Wiesbaden: Vieweg.

Keuper, Frank; Neumann, Fritz; (2009): Wissens- und Informationsmanagement – Strategien, Organisation und Prozesse . 1. Auflage Wiesbaden: Gabler Verlag.

Krcmar, Helmut (2005): Informationsmanagement. 4. Auflage Heidelberg: Springer Verlag.

Lassmann, Wolfgang (Hrsg.)(2006): Wirtschaftsinformatik. Nachschlagewerk für Studium und Praxis. 1. Auflage Wiesbaden: Gabler.

o.V. (2010a): SAP University Alliance Präsentation: Introduction to Business Intelligence

o.V.2012a:
http://images.cnblogs.com/cnblogs_com/upzone/OLAP.Architectures.png. Druckdatum: 01.05.2012

o.V.2012b:
http://www.iicm.tugraz.at/Teaching/theses/2001/_idb8c_/wrichter/thesis-final/node183.html. Druckdatum: 01.05.2012

Schrödl, Holger (2009): Business Intelligence mit Microsoft SQL Server 2008 – BI Projekte erfolgreich umsetzen. 2. erweiterte Auflage München: Carl-Hanser Verlag.